La Nueva Vía

Hacia un nuevo modelo de Ciudad.

Miguel Felipe Mery Ayup

A la memoria de mi padre

Dr. Enrique Miguel Mery Milán.

A mi madre Sra. Azucena Ayup Galindo.

Con ellos comparto mis más grandes
anhelos y gracias a ellos me formé.

Mi agradecimiento especial a:

Rodrigo González Morales

Francisco José Adame Acosta

Luis Manuel Rayas Ciprés

Marcos Ezequiel Solís Vega

Marcela Castañeda Agüero

Alfredo Viesca Domínguez

Alonso Salas Ochoa

Ilse Ávila García

Luis Alberto Gutiérrez Arizpe

Adrián Alvízar Rodríguez

Génesis Noemí Ceniceros

René Lazalde Mañón

Michelle Taboada Barragán

Rodolfo Esparza Cárdenas

Raúl Alan González

Claudio Taboada Elizalde

José Octavio Quiñones Rivera

Capítulos del libro:

Introducción:

Este trabajo que tienes en tus manos se compone de ideas y aprendizajes que por más de veinte años en el servicio público he recibido de muchas personas que me han permitido dialogar y escuchar; en algunos casos en aulas o en libros, pero principalmente en colonias, empresas, ejidos, asociaciones y universidades en las que he estado por las distintas encomiendas a mi cargo.

La Nueva Vía hacia un modelo de ciudad es un punto de partida, para construir juntos como sociedad la ciudad que soñamos.

Primeramente, recupero la historia de Torreón; pero no solo las fechas y hechos que la escriben sino aquellos valores que construyen nuestra identidad. Recorro más de un siglo de trabajo de miles de personas que día a día han forjado nuestra ciudad para llegar a este momento en el que hemos empezado a trazar lo que será Torreón en este Siglo XXI. Este momento en que, tras años de inseguridad y depresión económica, nos hemos levantado a darle vida a nuestras calles y a recuperar el empuje que nos caracteriza.

Por ello, considero que es el momento de construir una alianza como sociedad para compartir la visión de Torreón. Para eso, desarrollo doce principios que en algunos casos han formado parte de la identidad de

Torreón, pero sobre todo, considero necesarios para establecer una nueva relación entre gobierno y sociedad.

Son doce principios que deben unirnos como ciudad para lograr el progreso y el bienestar que todos queremos, construidos desde lo local con participación, corresponsabilidad e inclusión. Esta nueva relación debe formarse a partir de la confianza, que solo es posible con transparencia y rendición de cuentas. Esta nueva relación la planteo desde la proximidad, con excelencia en los servicios públicos y una adecuada coordinación entre órdenes de gobierno.

En segundo lugar, así como los fundadores de Torreón tomaron lo mejor de su tiempo para convertirla en una gran ciudad, propongo recuperemos las mejores políticas públicas aplicadas en las ciudades del mundo, porque una ciudad debe proveer prosperidad a sus habitantes.

Te presento una plataforma para construir juntos una visión de ciudad a largo plazo considerando las mejores prácticas internacionales, tomando lo más valioso para Torreón de la Iniciativa de la Ciudad Próspera de ONU Hábitat, del Proyecto de Ciudades Emergentes del Banco Interamericano de Desarrollo o del Instituto Mexicano para la Competitividad, entre otros. Pero considero también iniciativas locales que están buscando aportar elementos para diseñar mejores políticas públicas.

A partir de estos referentes propongo ocho dimensiones para diseñar políticas, planes, programas, y acciones: Seguridad Ciudadana, Productividad, Servicios Públicos, Calidad de Vida, Inclusión y Equidad, Sostenibilidad Ambiental, Infraestructura y Gobernanza como eje de nuestra Vía.

Por último me centro en cada dimensión, en un diagnóstico como punto de partida y una visión de cómo quisiera ver a Torreón en estos aspectos. Comparto también una selección de acciones que considero prioritarias para desarrollar nuestro municipio en beneficio de las personas que aquí vivimos.

Aclaro, cada una de estas propuestas no son limitantes; a las que aquí presento se suman cientos de acciones e ideas que seguiré compartiendo. Esta oferta política la he construido en mi caminar como servidor público, del diálogo con ciudadanos, y de las experiencias de otras ciudades. Sin embargo la construcción de la ciudad nunca se termina, por ello esta oferta política la iremos alimentando día a día

Te invito a trazar y transitar juntos por esta Nueva Vía.

Capítulo 1
Antecedentes de la Ciudad

La Nueva Vía Para el Progreso y Bienestar

Nuestra ciudad es de las más jóvenes de las grandes ciudades de nuestro país y le llevó escasos treinta años pasar de ser una villa en 1906 a ser el octavo municipio más poblado de México para 1940. Esto fue posible porque fue una ciudad forjada por las ideas del progreso que vinieron de todas partes de nuestro país y del mundo. Aquellos que vinieron plasmaron en Torreón lo mejor de su tiempo, en arquitectura, en tecnología, en planeación y en muchos otros ámbitos. Torreón nunca se sintió pequeña o temerosa a convertirse en una gran ciudad.

Este ha sido Torreón; una ciudad que nació moderna, que nació incluyente y participativa, que nació adaptable a los cambios. Los torreonenses asumimos de origen los retos que la historia y la naturaleza nos impusieron. Vivir en un desierto, bañado a la vez por un río que igual, como dio fertilidad al campo lagunero, inundó nuestra ciudad en más de una ocasión o nos incomunicó con nuestra vecina ciudad de Gómez Palacio.

Estos retos naturales forjaron una sociedad que les hizo frente. Así fue la historia del emblemático puente naranja (ahora plateado), que fue construido por iniciativa y gestión de ciudadanos agrupados en la

Cámara de la Propiedad Urbana, y que une los estados de Coahuila y Durango.

En esta colindancia creció esta ciudad que desde su fundación se puso en el mapa nacional gracias a una vía; la vía del tren que venía de sur a norte y que estableció una estación en la Villa del Torreón. Esa vía marcó y detonó el destino plural, multicultural y participativo de nuestra ciudad.

Sin embargo, ese empuje inicial fue perdiendo poco a poco bríos. La agricultura que nos dio en el algodón el oro blanco que impulsó el crecimiento de la primera mitad del siglo XX fue insuficiente para una ciudad que crecía y se enfrentaba a una nueva realidad internacional. La industria local que había acompañado a nuestra ciudad con empresas emblemáticas como La Harinera, La Jabonera o La Compresora fue cediendo paso a nuevos giros económicos.

Así hacia finales del siglo XX Torreón buscó un nuevo rumbo que encontró pasajeramente en las maquiladoras, sobre todo las textiles que fueron sustituyendo a las actividades ligadas al campo y propiciando una nueva oleada de migración del campo a la ciudad. Este auge maquilador solamente postergó la redefinición del rumbo económico de Torreón.

Al mismo tiempo que vivíamos esta coyuntura económica, nuestro país vivía una tendencia a la alternancia política en búsqueda de una transición democrática. Torreón entró entonces al siglo XXI con una vocación económica en redefinición que hizo crisis al migrar la gran mayoría de empresas maquiladoras a otros países. Pareciera que perdimos el rumbo, que se nos olvidaron nuestros valores fundacionales que nos llevaron a vencer al desierto. El trabajo y el esfuerzo que poníamos día a día no generaban ya la visión de bienestar que los fundadores de Torreón buscaron y construyeron al llegar aquí.

La sociedad dejó de ser el motor que impulsaba a sus gobiernos a llevar al desarrollo, porque no encontramos en ellos los liderazgos con visión progresista y moderna de Torreón. No encontramos quien supiera conducir, dialogar y escuchar las necesidades y demandas de nuestra ciudad, para volver a caminar juntos en una misma dirección, como lo hicimos siempre.

Y entonces vino lo peor, el crimen se apoderó de nuestro querido Torreón. En pocos años pasamos de ser una de las ciudades más competitivas y seguras a ser la quinta ciudad más peligrosa del mundo. Las calles anchas que planearon nuestros fundadores se fueron quedando vacías y abandonadas.

Y cuando muchos se fueron buscando oportunidades en otro lado, y cuando muchos creyeron que Torreón era una ciudad destinada a quedarse sola, ¡nos levantamos! En sólo tres años mostramos ante el país la gran ciudad que somos, recuperando la tranquilidad y las inversiones. Más aún nos queda mucho por hacer.

Por eso, hoy es el momento de plantearnos **Una Nueva Vía** para Torreón. Una Nueva Vía que recupere la participación conjunta de toda la sociedad, los valores e ideales que nos forjaron como ciudad, y asuma los retos, desafíos y prácticas de vanguardia de este siglo por el que transitaremos por esta nueva ruta.

En este momento crucial, los torreonenses vivimos también la división y el desánimo de quienes quieren ver a Torreón mal para poder conseguir beneficios personales. Vemos la apatía y el enojo de los jóvenes que no se han sentido tomados en cuenta, los habitantes de las colonias que quieren ver reflejado el desarrollo en los servicios públicos de calidad que una expansión urbana desordenada ha impedido.

En Torreón como en México, se esparce el descrédito de la política que han producido los políticos que no escuchan a la gente, los políticos dobles que no muestran realmente sus intereses. Debemos como sociedad sanar el tejido social que se rompió en los años más difíciles para nuestra ciudad.

La sociedad torreonense es participativa por naturaleza y se ha hecho presente en los últimos años con iniciativas diversas que buscan una mejor ciudad desde distintas perspectivas. Los planes, proyectos, agendas y observatorios ciudadanos son la forma en que se manifiesta en el siglo XXI el espíritu pionero de nuestros abuelos y bisabuelos. Si esta fuerza de la sociedad no nos impulsa a un objetivo común, los esfuerzos aislados de iniciativas empresariales, universitarias, ciudadanas y gubernamentales serán estériles.

Para conducir esta gran ciudad formada por grandes hombres y mujeres, se requiere visión, ideales, valores políticos y también valores sociales que compartamos todos y que nos hagan levantarnos todos los días con ilusiones y metas claras. Esa es la Nueva Vía que Torreón transitará.

Pero la verdadera transición no es la de un partido a otro. La transición está en presentar y ejecutar mejores propuestas de gobierno. La transición democrática se completará cuando logremos que la competencia electoral genere y mantenga mejores gobiernos y no solo una alternancia de colores y descalificaciones.

Es necesario cambiar la forma de relacionarnos, sociedad y gobierno; por años ciudadanos y servidores públicos nos hemos visto con desconfianza. Hoy Torreón nos pide por una parte, un gobierno abierto con servidores públicos transparentes y por el otro, ciudadanos corresponsables y no opositores permanentes.

El éxito de un gobierno es resultado del talento de las personas, tanto ciudadanos como funcionarios. Por ello, el primer tramo que necesitamos colocar en esta Nueva Vía son los valores y principios que compartimos para impulsar a Torreón hacia el futuro.

Capítulo 2
Declaración de Principios

12 Principios para el desarrollo.

1. Desde lo local

Un municipio es el núcleo de la vida social. En un entorno globalizado, que algunos definen como la sociedad del riesgo, es desde lo local donde se construye el desarrollo de las personas a partir de las unidades más pequeñas de nuestra sociedad: la familia, los barrios y colonias.

El gobierno local es el más cercano a la población y a su vez la población de un municipio es el eslabón más directo de la vida social. ¿Quién puede conocer mejor su ciudad que quien la vive día con día?

Una ciudad no está condenada al designio internacional o nacional; los factores externos impactan, por supuesto, pero desde lo local se pueden construir estrategias de desarrollo, de adaptación y resiliencia que ninguna otra escala gubernamental posibilita.

Es también en el ámbito local, donde la participación ciudadana puede expresarse con más injerencia en la acción pública. Las posibilidades de representación en consejos municipales, barriales u organizaciones cívicas permiten una participación directa en la toma de decisiones.

A su vez un tejido social sólido solo puede construirse desde los espacios más próximos como son la familia, la escuela, la colonia, el barrio; dando la solidez necesaria para posibilitar la gestión ante niveles superiores de gobierno.

La familia, cualquiera que sea su composición, es el entorno donde se comienza a construir una ciudadanía participativa y corresponsable, a partir de lo cual se reflejará en cada colonia o barrio y a su vez en el municipio.

2.   El progreso

El progreso mira con deseo e imaginación la mejor realidad posible. Cuando imaginamos un futuro ideal, hay quien lo llama idealista o utópico, sin embargo, solo planteando un rumbo se pueden establecer metas cercanas y alcanzables, cuantas veces sea necesario. Por eso el progreso no tiene un punto de llegada, siempre podemos tener una mejor ciudad.

El progreso es el horizonte que se va alejando al transitar por la Vía pero avanzando siempre, pasando por nuevas estaciones. En muchos ámbitos, se acostumbra hablar de cambio como sinónimo de mejora, sin embargo si este no se convierte en progreso con objetivos claros, no significará una mejora en la vida de las personas.

Creo en el progreso como el objetivo de una ciudad que no puede limitarse a mejorar aspectos físicos como pudiera ser la construcción de infraestructura, o la modernización de los servicios públicos. Si la inversión pública no incide directamente en la posibilidad de las personas de aportar a su ciudad y a su familia bienestar, no está cumpliendo su objetivo.

3. El Bienestar

El progreso es el medio para el fin último que es el bienestar de cada persona y de cada familia. El desarrollo no es solo crecimiento económico o urbano. Si los habitantes de nuestra ciudad desarrollan su potencial personal, si acceden a calidad de vida económica y social, si mejoran sus capacidades laborales o académicas, son indicativos de que estamos consiguiendo el bienestar.

Cualquier esfuerzo gubernamental o social cobra sentido si posibilita una vida plena para las personas a las que va dirigida. El bienestar en nuestros días ya no es visto como un deber unilateral del estado, si bien la salud, educación o vivienda son derechos sociales que el gobierno debe garantizar, el ejercicio pleno de estos derechos los lleva el ciudadano por medio del trabajo remunerado y cívico.

Parece obvio, sin embargo es posible que buscando la eficiencia administrativa, el desarrollo urbano, la eficiencia energética o cualquier otro objetivo específico de política pública, se pierda de vista el mejorar la calidad de vida de las personas.

Pero el bienestar no solo se mide en ingresos o satisfactores, el bienestar es también subjetivo, y si una persona a pesar de tener acceso a los satisfactores materiales, considera que no está bien, siempre se puede hacer algo más.

Porque no existe un límite de la acción pública cuando del bienestar de las personas se trata. El gobierno puede y debe ser impulsor de los organismos privados y sociales para que puedan aportar de manera más efectiva en cohesión social y cooperación comunitaria.

4. La transparencia

La transparencia más que una obligación y una ley, es un valor común entre gobierno y ciudadanía. La transparencia sin participación difícilmente produce mejores gobiernos y mejores ciudades.

El acceso a la información pública es un paso natural en plena era del conocimiento, no sólo como prueba de la honestidad gubernamental si no como insumos para construir soluciones coparticipativas a los problemas públicos.

La política de datos abiertos democratiza la información para la toma de decisiones pública y privada, por lo cual el gobierno requiere además emprender esfuerzos de innovación para hacer la información pública más asequible y utilizable.

Todo lo anterior no basta si los servidores públicos no reflejan en su actuar y en su atención al ciudadano la cultura transparente que pueden mostrar los portales digitales, en ello radica el gran reto de transversalización de la transparencia como valor.

5. La participación

La participación no puede entenderse como una concesión discrecional del gobierno, es un proceso natural inherente a las sociedades democráticas y progresistas. En el Torreón del siglo XX, no se necesitó que el gobierno creara consejos o reglamentos de participación ciudadana, para que los torreonenses se organizaran para generar lo que la ciudad requería.

El gobierno debe asumirse como fuerza capacitadora y potenciadora de una ciudadanía participativa. Los malos gobiernos son posibles en sociedades apáticas y desvinculadas, no en sociedades activas.

Las leyes y reglamentos que incentivan la participación ciudadana no son suficientes si no se utilizan por parte de agrupaciones y ciudadanos; la participación es el motor de un gobierno transparente y abierto. La creatividad en la solución de problemas públicos se multiplica de la mano de la ciudadanía.

6. La Confianza

La confianza es indispensable para una relación horizontal entre sociedad y gobierno, esa confianza se debe ganar y ratificar día a día en proximidad y apertura.

Es un valor complejo, en el que influyen muchos factores. La inseguridad, la ineficiencia, la opacidad y la mala difusión de la acción gubernamental minan fácilmente la confianza.

El descrédito y ruptura entre sociedad y gobierno se extiende por el mundo, y es producto no solo de malos gobiernos, si no de la globalización que ha generado gobiernos con menores capacidades para atender las crecientes demandas de una ciudadanía regida por el mercado.

Gobierno y sociedad deben asumir nuevos roles, un nuevo pacto que reconstruya la confianza, pues el miedo y la desconfianza no se dan solo entre gobierno y ciudadanía, sino también entre ciudadanos. La inseguridad no solo minó la economía y la integridad si no también la posibilidad de la interacción social.

Una persona que vive con miedo no puede desarrollar su potencial y menos cooperar con su colonia o ciudad.

La sociedad necesita confianza para caminar junta en una misma dirección.

7. Contraloría social

No existe mejor control sobre el ejercicio gubernamental que el que logra reunir las capacidades de profesionales de cada área y disciplina. Por ello la transparencia, la participación y la confianza requieren institucionalizarse en mecanismos de contraloría social en cada obra, cada programa y cada proyecto.

La contraloría social no implica sólo la vigilancia de los recursos monetarios o materiales si no también la evaluación del cumplimiento de los objetivos de la política pública.

8. La Corresponsabilidad

Creo en la Corresponsabilidad, porque ya no cabe en nuestro tiempo una visión de un gobierno absoluto que puede sólo, la ciudad la construimos todos y es indispensable una cultura cívica que exija derechos pero también asuma responsabilidades y obligaciones.

Muchos de los problemas de una ciudad tienen su origen en el ámbito privado, y si bien el gobierno es responsable de regular y vigilar, debemos reconocer que en cada acto de corrupción de un servidor público participa un ciudadano en una u otra medida.

La corresponsabilidad es poner fin a descalificaciones para dedicarnos a construir soluciones, promover en todos los niveles una cultura cívica con especial énfasis en el comportamiento vial y el cuidado ambiental, de nuestra casa común que es Torreón.

La corresponsabilidad es un valor que debe guiar la relación entre el gobierno y los diversos sectores de la sociedad, pero debe ir más allá al permear también la relación de la ciudadanía entre sí.

Debe permear también a la sociedad misma. Incluso en el gran aporte de la sociedad civil para la asistencia social de grupos vulnerables. Debemos transitar del altruismo unilateral al mutualismo, a la Responsabilidad Social. La corresponsabilidad es una característica que puede transformar incluso el mundo laboral.

9. La incumbencia

Desde lo local existen una serie de atribuciones y delimitaciones que en el caso de México se desprenden desde el artículo 115 constitucional para el municipio dejando muchas materias a los niveles superiores de gobierno ya sea de forma exclusiva o concurrente.

Así, las atribuciones de un municipio se centran en la prestación de servicios públicos como agua potable, drenaje, alcantarillado, alumbrado público, disposición de residuos, mercados y centrales de abasto, panteones, rastro, calles, parques y jardines, policía preventiva municipal y tránsito, además de estar facultados para planear y administrar el desarrollo urbano.

Todos los asuntos públicos no incluidos en estas facultades y atribuciones influyen también en la vida de la ciudad; asuntos tales como la educación, la salud, la cultura, el medio ambiente, la preservación del acuífero, etc.

En aquellos asuntos que son de competencia estatal, federal o incluso privada, el municipio debe ser un gestor efectivo cuando el tema influye en la ciudad. El gobierno puede y debe jugar un papel primordial en la renovación de la cultura cívica y el tejido humano y social. No hay un problema de Torreón por el que no podamos hacer algo gobierno y ciudadanía para resolverlo.

10. La inclusión

La inclusión de todos los sectores de la población es la única forma en la que se puede vivir la gobernanza. La participación no puede ser exclusiva de los ciudadanos y grupos que buscan participar. El gobierno debe buscar la equidad de modo que se consideren todas las visiones y todas las consecuencias de las políticas públicas.

Todos los sectores, los grupos vulnerables, las colonias, los grupos de interés, los gremios, deben tener la misma posibilidad de incidir en su propio bienestar. En este sentido el gobierno debe ser un mediador eficiente de los intereses privados y sectoriales, cuyo fiel de la balanza debe ser el bienestar social y progreso de la ciudad.

11. Excelencia

La excelencia es imprescindible para un municipio que al final de cuentas es un prestador de servicios, por ello un gobierno abierto y participativo debe ser también eficaz y eficiente en la atención al ciudadano.

Este es el mejor ejemplo que el gobierno puede poner para construir esta nueva relación. Debemos apropiarnos de modelos de gestión de calidad con orientación en resultados y en la satisfacción del ciudadano.

La calidad debemos asumirla como un valor que nos permite ser una mejor sociedad, de modo que nos distinga como ciudad y forme parte de nuestra identidad. De esta forma conseguiremos no solo la satisfacción de los ciudadanos sino también de los servidores públicos que con ello contribuyen a mejorar nuestra ciudad.

Los servicios públicos deben buscar añadir valor al ciudadano. El gobierno local debe diseñar un futuro sostenible, desarrollar la capacidad organizativa, aprovechar la creatividad y la innovación, liderar con visión, inspiración e integridad. Eso es un gobierno de calidad.

12. Proximidad

Un gobierno participativo no es sólo aquel que abre las puertas a la ciudadanía sino también el que va a tocar las puertas de cada rincón de la ciudad.

Creo por ello que, si bien debemos tomar lo mejor del conocimiento contemporáneo, no se puede gobernar desde un escritorio y desde una computadora.

Si es desde lo local donde se construye el progreso y el bienestar, es desde cada calle donde se construye el tejido de nuestra sociedad que nos llevará a asumir con nuevos bríos el nuevo camino para Torreón. La Nueva Vía.

La oportunidad de Torreón

He caminado por el servicio público desde hace poco más de 20 años para llegar a este momento en el que estoy ante la posibilidad de encabezar un proyecto de ciudad, expresando las ideas de innovación, inclusión, progreso y bienestar para las personas, desde una nueva forma de hacer política y de gobernar poniéndome al servicio de los torreonenses.

Vivo la vida pública como el espacio de desarrollo personal al que yo llamo vocación.

Vivo la vida pública como el espacio en donde escuchar a la gente es mi característica principal, pero actuar con determinación es mi compromiso.

Vivo la vida pública como el espacio de toma de decisiones profesionales que cambian el destino de una ciudad y su gente.

Hago el compromiso de encabezar la mejor propuesta, la más incluyente, la más consistente en la transformación y cambio que requiere nuestra ciudad.

Comprendo el espacio de tiempo en el que nos encontramos como sociedad, en donde la falta de confianza en los políticos y los partidos parece como una nube negra que no tuviera fin. Para mí no es así.

Veo la oportunidad de convocar a los ciudadanos a participar en la construcción de un solo modelo de ciudad, incluyente y participativo, donde nos reconozcamos todos el rol que jugamos en una mesa de respeto y diálogo permanente.

Veo la oportunidad de ser transparente en el uso de los recursos públicos y abrir las cuentas a la revisión profesional de los expertos ciudadanos.

Veo la oportunidad de buscar con firmeza la atracción de nuevas inversiones que generen progreso y bienestar a los torreonenses.

Veo la oportunidad de avanzar en los temas de seguridad ciudadana y no permitir nunca más los tiempos de violencia e inseguridad que vivimos hace muy pocos años.

Veo la oportunidad de coincidir con todos los que queremos tener una ciudad limpia, iluminada, con servicios de primera, potente en cuanto su comercio e industria pero más reconocida por la calidad de sus ciudadanos.

La Nueva Vía me lleva a mostrarles mis ideales y la oportunidad invaluable de que me compartan los suyos.

Capítulo 3

Hacia un nuevo Modelo de Ciudad.

Las mejores prácticas y referentes locales.

Basado en estos principios y valores compartidos, presento una plataforma vanguardista con visión de largo plazo para Torreón, que no busca encontrar el hilo negro sino recuperar las mejores herramientas con que cuentan los gobiernos locales en el mundo, para que a partir de ello construyamos entre todos, una sola visión y un solo plan para los próximos veinte años.

Iniciativa de la Ciudad Próspera del Programa de ONU para los asentamientos humanos (ONU Hábitat)

El primero de estos marcos de referencia global, es la iniciativa de la Ciudad Próspera lanzado por Naciones Unidas para los Asentamientos Humanos (ONU Hábitat) en 2012 y que busca ampliar la visión del desarrollo de las ciudades desde un enfoque integral y holístico y no solo desde una visión de desarrollo económico o material.

La iniciativa se fundamenta en un concepto simple "la Rueda de la prosperidad", conformada por cinco dimensiones esenciales de la prosperidad: productividad, infraestructura adecuada, calidad de vida, equidad y sostenibilidad ambiental y en el centro de la Rueda se encuentra la gobernanza. (ONU Hábitat 2013)

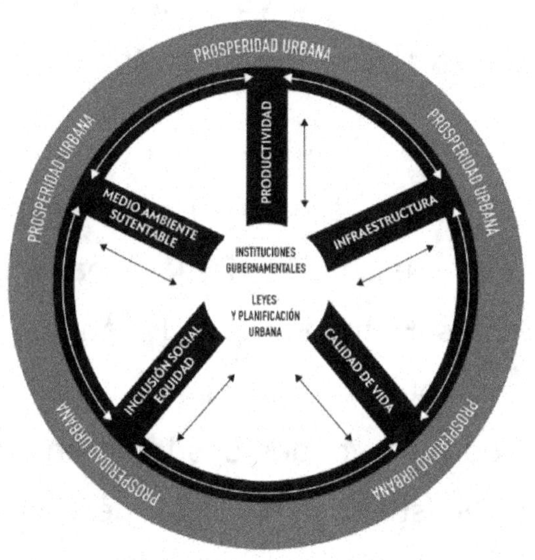

Desde esta perspectiva "la prosperidad, es una construcción social que se materializa en el terreno de las acciones humanas. Se basa, de forma consciente y deliberada, en las condiciones predominantes en cualquier ciudad y en cualquier momento, sin tener en cuenta el tamaño. Esta noción más amplia tiene que ver con políticas claras y con un desarrollo armónico y equilibrado en un ambiente justo y equitativo." (CPI web)

Ciudades Emergentes y Sostenibles del Banco Interamericano de Desarrollo

Por su parte el proyecto del Ciudades Emergentes y Sostenibles del Banco Interamericano de Desarrollo que busca la gestión de los desafíos impuestos por el acelerado y poco regulado proceso de urbanización de las ciudades en nuestro tiempo. "emplea un enfoque integral e interdisciplinario para identificar, organizar y priorizar intervenciones urbanas para hacer frente a los principales obstáculos que impiden el crecimiento sostenible de las ciudades emergentes de América Latina y el Caribe. Este enfoque transversal se basa en tres pilares: (i) sostenibilidad medioambiental y de cambio climático; (ii) sostenibilidad urbana y; (iii) sostenibilidad fiscal y gobernabilidad. (BID)

Esta metodología sigue cinco fases: diagnóstico, definición de temas, plan de acción, estudios de preinversión y monitoreo ciudadano

"La Metodología CES promueve la idea de que las estrategias de desarrollo urbano bien planificadas, integrales y multisectoriales tienen la capacidad de brindar mejoras a la calidad de vida y de trazar un futuro más sostenible, resiliente e inclusivo para las ciudades emergentes de América Latina y el Caribe." (BID)

Norma ISO 37120 para el Desarrollo Sostenible en las ciudades. World Council on City Data.

Esta norma internacional "está concebida para ayudar a las ciudades a guiar y evaluar la gestión del desempeño de los servicios urbanos y todas las prestaciones de servicios así como la calidad de vida. Considera la sostenibilidad como su principio general y la resiliencia como el concepto guía en el desarrollo de las ciudades."

Reúne cien indicadores divididos en 17 temas específicos como son: economía, educación, energía, medio ambiente, finanzas, servicios de emergencia, gobernabilidad, salud, recreación, seguridad, abrigo, desechos sólidos, telecomunicaciones, transporte, desarrollo urbano, aguas residuales y agua y saneamiento.

Modelo Europeo de Excelencia EFQM

La Fundación Europea para la Gestión de la Calidad ha desarrollado un modelo que a través de la autoevaluación pretende una gestión más eficaz y eficiente. La identificación de los puntos fuertes y débiles aplicados a diferentes ámbitos de la organización es el punto de partida para el proceso de mejora continua. Dicho modelo ha sido aplicado en numerosas empresas públicas de Europa y en el Ayuntamiento de Alcobendas que lo ha implementado con éxito como modelo de gestión de los servicios públicos municipales.

Índice de Competitividad Urbana del IMCO

El IMCO mide desde hace casi diez años a las zonas metropolitanas de México a través de 10 subíndices que reflejan la capacidad de cada ciudad de atraer y retener inversiones y talentos. Dentro de sus estudios elabora además recomendaciones sobre temáticas específicas, como han sido fortalecimiento municipal, ordenamiento territorial o rendición de cuentas, por lo cual es también un referente obligado para considerar en la construcción de políticas públicas locales.

Referentes locales

En el ámbito local existen dos importantes esfuerzos recientes por generar una visión compartida de ciudad:

La Agenda Ciudadana para el fortalecimiento de la cohesión comunitaria, el desarrollo y la competitividad de la comarca lagunera, que construyeron alrededor de 80 instituciones convocadas por Renacer Lagunero, en la cual a pesar de ser una agenda ciudadana se integran centenares de acciones y propuestas para avanzar como sociedad, muchas de las cuales corresponden a los diversos niveles de gobierno, algunas otras a la ciudadanía y otras a toda la sociedad actuando en gobernanza.

Considero también los más de 300 proyectos planteados por el Plan TRC2040 del IMPLAN, que surgió de la consulta a más de 200 ciudadanos, académicos, empresarios y funcionarios, cada uno expertos en temas como movilidad, desarrollo social, coordinación metropolitana, entorno urbano, desarrollo económico y desarrollo social.

El Observatorio de la Laguna, del Consejo Cívico de las Instituciones A.C busca el análisis y evaluación de indicadores que permitan incidir en políticas públicas, a través de datos técnicos y de percepción. Es sin duda una herramienta necesaria para integrar y alinear en este modelo de ciudad.

Las dimensiones de política pública

Además de las iniciativas mencionadas esta plataforma de políticas públicas se alimenta de algunos aspectos de los objetivos del desarrollo sostenible de ONU conocido como Agenda 2030, el proyecto Doing Business del Banco Mundial, la Norma ISO 18091:2014, la Agenda para el Desarrollo Municipal del INAFED, el Sistema de Indicadores de Desempeño (SINDES) del ICMA y los modelos de Smart Cities.

Tomo como base la estructura de las seis dimensiones de la prosperidad urbana de ONU Hábitat, añadiendo dos más que toman especial relevancia en Torreón como son la Seguridad Ciudadana y los Servicios Públicos para presentar un diagnóstico y una propuesta de visión, objetivos y acciones para cada uno de las siguientes dimensiones:

Productividad, de acuerdo ONU Hábitat, es una dimensión de la prosperidad que refleja como una ciudad contribuye al crecimiento económico y el desarrollo, la generación de ingresos, el empleo y la igualdad de oportunidades, que proporcionan niveles de vida dignos para toda la población.

Infraestructura, abarca los elementos con que nuestra ciudad debe contar en materia de vivienda adecuada, suministro de energía, sistemas de movilidad sustentable, tecnologías de la información y comunicaciones, que son necesarios para el desarrollo de la población, la economía y mejorar la calidad de vida.

Calidad de vida, tiene que ver con que una ciudad próspera proporciona servicios sociales, educación, espacios públicos, recreación, salud y seguridad, necesarios para mejorar los niveles de vida, lo que permite a la población maximizar el potencial individual y llevar una vida plena.

Equidad e inclusión social, es una dimensión que nos marca como una ciudad es próspera en la medida en que la pobreza y las desigualdades son mínimas. Ninguna ciudad puede presumir de ser próspera cuando grandes segmentos de la población viven en pobreza extrema y privaciones. Esto implica reducir la los asentamientos irregulares y evitar el surgimiento de nuevas formas de pobreza y marginación.

Sostenibilidad ambiental, es fundamental ya que la creación y (re) distribución de los beneficios de la prosperidad no pueden destruir o degradar el ambiente; en cambio, debe reducir la contaminación, aprovechar los residuos y optimizar el consumo de energía. Significa que los recursos naturales de la ciudad se preserven en beneficio de la urbanización sostenible, de tal forma que no se comprometan las necesidades de las futuras generaciones.

Gobernanza, es parte de una ciudad próspera que es capaz de combinar sostenibilidad y bienestar a través de la participación en la planeación urbana efectiva y con liderazgos transformadores, elaborando programas integrales y ejecutando políticas que se diseñan y aplican con la participación social. Para ello la ciudad debe contar con marcos institucionales y normativos adecuados con los tres ámbitos de gobierno y con los actores y las instituciones locales (ONU Hábitat 2016).

Seguridad Ciudadana, se considera de forma más amplia que como un aspecto de la calidad de vida, como la creación colectiva de un ambiente propicio y adecuado para la convivencia pacífica de las personas. Puede concebirse de forma amplia como las condiciones que generan un contexto que minimiza los riesgos y potencia el tejido social para que las personas, en tanto ciudadanos sujetos de derechos, puedan desarrollarse de acuerdo a los proyectos de vida que han definido. (Seguridad Ciudadana: Visiones compartidas 2014)

Servicios Públicos, no podemos verlos solo como un aspecto más de la infraestructura y el desarrollo urbano, ya que la importancia de que los servicios públicos sean medidos periódicamente, en su cobertura y calidad, refleja parte de la calificación de la eficiencia de la administración pública y su capacidad de hacer frente a los retos que representan, reflejando la satisfacción.

Construyendo la Vía

A partir de lo anterior convoco a construir un modelo de ciudad como lenguaje común que nos sirva para trabajar los próximos veinte años. Un solo plan de ciudad en el que todos nos reconozcamos porque todos hayamos sido consultados y aportado a él.

Consultaremos a la sociedad a través de sus cámaras, sus universidades, las organizaciones de la sociedad civil que han participado en diversas iniciativas. Tendremos foros y consultas para ir construyendo agendas y proyectos. Pero preguntaremos también a los jóvenes, también a los habitantes de cada colonia, vamos a soñar juntos el Torreón que queremos y vamos a diseñar los mecanismos para asegurarnos que se lleve a cabo.

Habiendo acordado los programas y proyectos estableceremos, metas pero también responsables y organizaciones ciudadanas que le darán seguimiento a este plan. Pediremos a los observatorios existentes y a las iniciativas ciudadanas que den seguimiento a este plan, pero estableceremos también la reglamentación necesaria, para asegurar que las siguientes administraciones y los ciudadanos de los próximos años continúen por esta Vía que hoy les invito a construir.

He dicho que una ciudad nunca está terminada, por ello nuestro modelo de ciudad deberá contar con mecanismos y herramientas de evaluación y actualización que garanticen su vigencia y aplicación en el futuro.

Para llegar a vernos reflejados en un solo proyecto, dialogaremos todo lo necesario, intercambiaremos diversas opiniones y puntos de vista, pero una vez que acordemos el camino que queremos para Torreón, juntos caminaremos como lo hicimos desde el principio, como lo hicimos siempre por la vía del progreso y el bienestar.

Capítulo 4

Dimensiones y visiones de política pública para Torreón.

8 Dimensiones con acciones prioritarias.

Se presenta a continuación para cada dimensión de política pública, breve diagnóstico como punto de partida de cada una de ellas.

Una visión como el futuro deseable para cada dimensión de nuestra ciudad, que nos ayude a alinear objetivos estratégicos y líneas de acción que generen a su vez planes, programas y acciones, para de forma sistemática alcanzar esa visión a largo plazo.

Considerando que el futuro de nuestra ciudad lo construimos todos, es momento de convocar a la participación y corresponsabilidad que en su momento generaran las metas década una de las dimensiones, a través de iniciativas específicas. Por ello comparto sólo una selección de acciones por dimensión, que forman parte de una oferta política más amplia que se consultará con los diversos sectores de nuestra ciudad.

Seguridad Ciudadana

Punto de partida:

La seguridad ciudadana abarca temáticas tales como, incidencia delictiva, equipamiento, capacidad policial, prevención social, paz y justicia, proximidad social y protección civil.

De 2014 a la fecha el número de elementos policiales ha fluctuado entre los 691 y los 710.En este periodo se ha invertido con la ayuda de la federación y el estado, 130 millones de pesos en la adquisición de equipo, sobre todo de vehículos modernos con diferentes características.

En Torreón de 2012 a 2016, se logró disminuir el número de homicidios en 73.74 por ciento pasando de 537 a 141 homicidios lo que refleja un descenso de la violencia sobre todo la que generó el crimen organizado en la región. Los robos totales disminuyeron en 55.30 por ciento al pasar de 7,075 en 2011 a 3,162 en 2016 aunque el porcentaje de la población de 18 años y más que se siente insegura en su ciudad es de 51.6%.

Se cuenta con infraestructura destinada a la prevención social del delito: Complejo deportivo Jabonera la Unión, Complejo Cultural la Jabonera La Unión, Estadio de béisbol Compresora, Línea Verde, Multideportivo Oriente, Albergue Cultural Zaragoza, Deportiva Zaragoza, Gimnasio Zaragoza, Metro parque Río Nazas. Además de implementar una estrategia de proximidad social por parte de los elementos policiacos con la finalidad de incentivar la participación de la ciudadanía en el tema de prevención.

Durante los últimos tres años Protección civil ha atendido aproximadamente 8,449 llamadas de urgencia de incendios, accidentes viales, fugas de gas, abastecimiento de agua potable y derrames de combustible entre otros que representaban un riesgo para la población.

Visión:

En Torreón adoptamos un nuevo enfoque de Seguridad Ciudadana que garantiza de manera efectiva en el corto y mediano plazo la tranquilidad y la paz social que la ciudadanía anhelaba. Se trabaja con un modelo integral de prevención, equipamiento y capacidad policial disminuir significativamente la violencia en sus diferentes facetas. El respeto a los derechos humanos, la proximidad policial, la participación ciudadana, la cohesión social y la prevención social de la violencia y la delincuencia son el basamento con el que hemos logrado la seguridad ciudadana y la paz social.

Acciones prioritarias:

1.   Continuar con los programas y acciones dirigidas a la profesionalización y especialización de la policía.

2.   Mantener la mesa semanal de seguridad con mayor participación ciudadana y sectorial para la evaluación y seguimiento de delitos.

3.   Implementar la policía de proximidad en los barrios y colonias cuyos elementos actúen de manera coordinada con la prevención policial del delito.

4.   Implementar estrategias específicas para cada tipo de delito poniendo énfasis en la disminución de delitos patrimoniales, robo a casa habitación, a negocios, transeúntes y de vehículos.

5.   Establecer mecanismos permanentes de colaboración entre organizaciones ciudadanas y los tres niveles de gobierno para desarrollar e implementar programas

orientados a la prevención del delito y al fortalecimiento de la cohesión social.

6.   Mejorar la coordinación Metropolitana en materia de seguridad.

7.   Gestionar recursos para dar continuidad a las acciones y programas exitosos implementados en el marco del Programa Nacional de Prevención del Delito.

8.   Diseñar e implementar políticas públicas para disminuir los porcentajes de percepción de inseguridad mejorando la confianza ciudadana.

9.   En alianza con organizaciones civiles, religiosas, académicas y comunitarias generar un programa que permita resarcir las consecuencias del periodo de violencia en familias, colonias y barrios afectados directa o indirectamente por ello.

10. Continuar con el rescate de los espacios públicos en los sectores de la ciudad en donde se detecta concentración de delitos y violencia.

11.   Sectorizar la atención de bomberos de la mano de las demarcaciones territoriales que se determinen para los servicios públicos.

12.   Integrar al sector privado en la evaluación del desempeño en la protección civil.

Productividad

Punto de partida:

Esta dimensión es compuesta por aspectos como el empleo, competitividad, dinámica económica local, inversión nacional y extranjera, turismo, industria, agroindustria, minería y metalúrgica, infraestructura industrial, desarrollo agropecuario y vocación económica.

El empleo formal se refleja en los 187,057 hombres y mujeres registrados en el IMSS en sus más de 16,000 empresas registradas que aportan el 25% de la población ocupada en todo el estado, destacando la industria como el generador del 60% de los empleos locales.

Hay que destacar la reactivación del Centro de la ciudad, con una inversión de 280 millones de pesos, que sumada a la inversión privada estimada de 256 millones de pesos hoy es un espacio dinámico, donde se han abierto más de 2,000 nuevos negocios. El Paseo Morelos ha traído beneficios como el incremento de la plusvalía, mayores ventas incrementando el flujo de visitantes al sector.

La revista Financial Times considera a Torreón como el 4to. Mejor lugar en América y el 1er lugar en México para la Inversión Extranjera Directa en costo-beneficio. Destaca como la segunda del Estado que más inversiones extranjeras ha recibido, sobretodo en el ramo automotriz por lo que surge la necesidad de contar con profesionistas con conocimientos de la industria manufacturera, automotriz e ingenierías ambientales.

Aunque nuestra ciudad ya no se destaca por la producción agropecuaria sigue siendo competitiva, es la segunda ciudad del estado con mayor valor total de producción de ganado y aves en pie con más de 1, 097,034 millones de pesos

Nuestro municipio es el que tiene la mayor capacidad hotelera en el estado con 3,986 habitaciones, que se observa en los 434,875 turistas que nos visitaron durante 2015. La construcción del Centro de Convenciones y el primer teleférico de Coahuila ayudará a atraer más visitantes a la región.

Visión:

Torreón es un referente nacional en competitividad, con apertura ágil de nuevos negocios, empresas fortalecidas, con mayor generación de empleos formales bien remunerados, jóvenes emprendedores impulsados a permanecer en la ciudad para iniciar sus negocios y con una oferta de empleo que permita desarrollar localmente su talento profesional, así también con un clima de seguridad que continúe generando confianza en inversionistas nacionales y extranjeros.

Acciones prioritarias

1.   Generar oportunidades y condiciones necesarias para mejorar la oferta de empleo con mejores salarios.

2.   Dar preferencia a las empresas locales en la proveeduría de bienes y servicios al ayuntamiento.

3.   Fomentar cadenas de proveedores mediante acuerdos que permitan crear relaciones técnicas y económicas entre las grandes empresas comerciales, industriales y de servicios, por una parte, y los micros, pequeñas y medianas empresas, por otra, para que formen parte de sus cadenas de suministros.

4.   Crear un Centro Municipal de Apoyo para Emprendedores donde se otorgarán capacitaciones, gestiones de financiamiento

y asesoría para la apertura de nuevos negocios.

5.   Establecer un mecanismo que asegure el trámite ágil de las solicitudes de uso de suelo y licencias de operación, para el crecimiento ordenado de los centros económicos.

6.   Realización eventos culturales y artísticos de impacto en el Paseo Morelos (ópera, conciertos, exposiciones, arte, etc.) con el objetivo que se mantenga como un corredor familiar, cultural y turístico donde se pueda convivir sanamente.

7.   Fortalecer la innovación tecnológica mediante la creación de un Consejo Municipal de Ciencia y Tecnología.

8.   Definir una política de obra y servicios públicos destinada e el mantenimiento de zonas industriales y comerciales.

9.   Elaboración de estrategia y catálogo promocional de destino para la búsqueda de sede de eventos de talla nacional e

internacional que generen derrama económica, se contará con una gran fortaleza, el nuevo centro de convenciones.

10.　Establecer un plan de incidencia en los indicadores de competitividad, que favorezca de manera sistemática y permanente la capacidad de Torreón para atraer y retener inversiones y talentos.

11.　Establecer mecanismos de mejora regulatoria orientados a facilitar la apertura de empresas mejorando los indicadores nacionales e internacionales de competitividad.

12.　Bolsa de trabajo orientada a adultos en edad laboral que no encuentran trabajo.

Servicios Públicos

Punto de partida:

Conteniendo las principales atribuciones exclusivas del ayuntamiento esta dimensión atiende lo relativo al agua, saneamiento, es decir drenaje tanto pluvial como sanitario, gestión de residuos sólidos, limpieza, pavimentación, alumbrado público, mercados y abasto de alimentos, rastro municipal y panteones.

La ciudad cuenta con una cobertura de su red hidráulica del 98.13% del total del municipio, aunque la vulnerabilidad del servicio se da en las pérdidas del recurso por fugas que van del 20% al 40%, y a su vez causa daños al pavimento. El rezago entre lo facturado y cobrado por el Sistema Municipal de Agua y Saneamiento (SIMAS) es de 33.99% en 2016.

La cobertura en la ciudad de drenaje sanitario es del 98% la mayor parte del drenaje tiene una antigüedad superior a los 20 años, en el centro histórico y hay sectores con antigüedad mayor a los 50 años los cuales son obsoletos lo que dificulta la reparación y mantenimiento.

En el sur-oriente el drenaje sanitario se encuentra deteriorado por las lluvias atípicas de los últimos 3 años, por la sobre carga al ser utilizado para desfogar el agua pluvial debido a que no existe un sistema de drenaje pluvial.

Los residuos sólidos se recolectaron por medio de 38 rutas, totalizando 198,805.99 toneladas de basura destinados al relleno sanitario sin considerar los deshechos de sectores como la construcción, residuos peligrosos y otros.

Actualmente la ciudad de Torreón cuenta con 32, 170,000 m2 de vialidades pavimentadas, sobre una superficie total de 137, 490,000 km2, casi una cuarta parte de la superficie urbana, aunque debido a las condiciones de la ciudad y la problemática del drenaje la duración del pavimento es menor al que se debe de esperar.

La cobertura de alumbrado público es del 89.24% en el municipio que ya cuenta con luminarias con mejor tecnología, las cuales representan un ahorro de energía hasta 60%, vida útil de más de 100 000 horas., luz fría que no genera calor, encendido instantáneo, resistente a impactos, vibraciones.

Actualmente en el municipio de Torreón operan 27 tianguis y mercados sobre ruedas más 3 mercados públicos. Se cuenta con un rastro municipal en el cual La ciudad de Torreón cuenta con un Rastro

Municipal que trabaja bajo la modalidad de rastro Tipo Inspección Federal) TIF y se sacrifican un promedio de 200 cabezas de ganado bovino y 240 de porcinos diarias.

El municipio cuenta con 3 panteones municipales, de los cuales el que se localiza en la colonia Aquiles Serdán se encuentra a un 98% de su capacidad, existen otros de origen ejidal como son el de San Antonio de los Bravos y el del ejido la Unión, también se cuenta con dos panteones privados el Del Carmen y Panteón Jardines del Tiempo.

Visión:

Torreón cuenta con servicios públicos de calidad que se reflejan en un constante aumento de la satisfacción de los ciudadanos con mecanismos de atención directa por demarcaciones territoriales, con un suministro eficiente del agua y su tratamiento, con drenaje y saneamiento funcional, un sistema de drenaje pluvial seguro y confiable , las principales vialidades cuentan con concreto hidráulico y materiales permeables. Los servicios públicos cuentan con políticas de calidad y excelencia cumpliendo con normativas y estándares con amplio sentido humano en la atención al ciudadano.

Acciones prioritarias

1.   Redistribución administrativa de algunos servicios por demarcaciones, con administración centralizada, pero operación y supervisión delegada.

2.   Establecimiento de consejos de participación ciudadana por cada demarcación territorial.

3.   Elaborar un plan para disminuir fugas del recurso en la tubería, dividiendo la ciudad en sectores o polígonos de acción para hacer reparaciones en las líneas más antiguas.

4.   Programa de revisión de drenajes sanitarios en comercios para evitar el deshecho de aceites, materiales contaminantes y basura en la red de drenaje sanitario, ligándolo a la licencia de funcionamiento.

5.   Se diseñara un plan que permita la reposición del drenaje sanitario de acuerdo a la antigüedad y funcionamiento que permita identificar la compatibilidad en los materiales en los diferentes sectores y colonias para tener logros a corto mediano y largo plazos

6.   Se diseñará un plan de contingencia que evite o limite la utilización de la infraestructura de drenaje sanitario en la descarga de aguas pluviales

7.   Diseñar e implementar programas de educación e información para crear conciencia para incentivar la separación y reciclaje, de residuos sólidos.

8.   Proponer la utilización de materiales de larga duración (concreto hidráulico) en

lugares estratégicos de movilidad, para tener ahorros futuros alto costo inicial, bajo costo final.

9.   Promover e incentivar la creación de figuras de comercio local como tiendas de barrio para incentivar económicamente los diferentes polígonos de la ciudad.

10.   Programa de inhumación vertical y de cremación con precios accesibles, que permita un mayor tiempo de vida para estos panteones.

Calidad de Vida

Punto de partida:

La calidad de vida se manifiesta por medio de los niveles de ingresos de la población, de la educación, de salud, de la cantidad y calidad de la vivienda y de los espacios públicos y el acceso a la cultura y el deporte. ONU-Hábitat a través del Índice de Prosperidad Urbana evalúa la Calidad de Vida en el municipio de Torreón con un valor moderadamente sólido de 66.25.

27.3 por ciento de la población del municipio de Torreón se encuentra en situación de pobreza y 2.9 por ciento en situación de pobreza extrema, ocupando el lugar número 11 de los municipios con menor población en situación de pobreza en el Estado.

El municipio de Torreón en conjunto con Matamoros y Viesca integran la Jurisdicción

Sanitaria VI con 73 unidades médicas y cuenta con una tasa de 1.08 camas por cada mil habitantes y de 1.9 médicos por cada mil habitantes cifras por abajo del promedio nacional. El 78.4 %de la población torreonense declara estar afiliado a servicios de salud, es uno de los municipios del estado con menor población afiliada.

En cuanto a la educación, Torreón cuenta con un promedio de escolaridad de 10.6 años, junto con Saltillo es el municipio del estado con mayor promedio de escolaridad, En el ciclo escolar 2014-2015 el municipio de Torreón registró una matrícula de 251,365 alumnos, en 1,302 planteles educativos, 826 son de educación básica, 147 de educación media y 81 escuelas de educación superior

En vivienda de calidad, el 8 por ciento de las viviendas habitadas cuentan con uno o dos cuartos; 99.2 por ciento cuenta con agua entubada, 98.1 por ciento cuenta con drenaje y 99.8 por ciento con electricidad, 0.7 por ciento son viviendas habitadas con piso de tierra. El 6.6 % de la población habita viviendas con techos de material endeble y 5.6 por ciento de la población habita viviendas con muros de material endeble.

La oferta cultural en Torreón se contabiliza con un total de 101 espacios culturales, cuatro teatros con una capacidad de 2699 localidades, se tienen registrados cinco festivales en CONACULTA, a lo que debemos sumar los realizados por el Gobierno del Estado en el municipio además de las actividades realizadas por grupos culturales como "Moreleando de Vuelta al Centro" y diversos grupos de artistas y colectivos de teatro y danza.

Visión:

Torreón es una de las ciudades a nivel nacional con los mayores índices de calidad de vida y con menor pobreza y desigualdad económica. En Torreón, las y los ciudadanos tienen acceso a buenas condiciones de vida en salud, educación, vivienda digna, espacios públicos, áreas deportivas y culturales de calidad. Las familias, mujeres, jóvenes, niños y adultos cuentan con las oportunidades para desarrollar su potencial humano además de concebir bienestar, seguridad y satisfacción en sus vidas.

Acciones prioritarias:

1.   Diseñar e implementar una política social que mejore los indicadores de calidad de vida en salud, seguridad y acceso a espacios públicos.

2.   Mejorar la eficiencia y eficacia en el ejercicio de los programas sociales.

3.   Dotar del personal y equipamiento necesario para que el Hospital Municipal

cumpla con lo requerido para considerarse de primer nivel.

4.   Fortalecer al Instituto Municipal de Cultura y Educación como enlace y gestor de la política educativa en el Municipio, tomando como municipio parte activa en la promoción de la calidad educativa.

5.   Fortalecer la vinculación entre las universidades y el sector privado así como la vinculación de universitarios a proyectos públicos.

6.   Implementar políticas públicas de acceso a vivienda digna con servicios de calidad.

7.   Implementar un programa de mejoramiento y fortalecimiento de espacios públicos, tanto existentes como en las zonas requeridas de la ciudad.

8.   Impulsar la creación de un centro de alto rendimiento para el desarrollo de atletas.

9. Mejorar y fortalecer la infraestructura deportiva social y profesional en el municipio, mediante un plan que priorice las zonas con mayor rezago.

10. Detonar las manifestaciones artísticas y culturales en la ciudad, tanto en espacios públicos como privados.

11. Apoyar la construcción del Centro de Estudios Musicales de Torreón.

Equidad e Inclusión

Punto de partida:

Esta dimensión abarca la equidad económica, equidad de género (considerando sus componentes de salud, educación, participación política, violencia de género), la asistencia y atención a grupos vulnerables tales como adultos mayores, migrantes, indigentes, indígenas, discapacitados, diversidades sexuales, jóvenes, niñas y niños, alimentación y la vinculación con organizaciones de la sociedad civil.

En el índice de desarrollo humano relativo al género, Torreón se encuentra entre los tres municipios de Coahuila con el mayor nivel de desarrollo para las mujeres y hombres con un (0.802) para mujeres y (0.805) para los hombres. La media nacional de este indicador para las mujeres fue de (0.784).

El promedio de años de estudio de los hombres es 10.9 años y de las mujeres 10.3 lo que muestra la mismas oportunidades de estudio.

La maternidad adolescente se estima en promedio 13.90 por ciento respecto del total de embarazos en el municipio. Las zonas más vulnerables son las colonias de la periferia de la ciudad. En cuanto a las principales causas de muertes de las mujeres, destacan las defunciones por tumor maligno de mama, en el 2015 se registraron 44 muertes por esta causa, también destacan los tumores en el cuello del útero.

En Torreón se registran 374 Organizaciones de la Sociedad Civil, siendo la asistencia social la segunda actividad más común, esto representa el 42 por ciento del total de asociaciones, mientras que en el país es un promedio de 31 por ciento.

En el municipio de Torreón la población con discapacidad es de 4.52 por ciento, es de los cuales 51.44 por ciento son mujeres y 48.56 por ciento son hombres (INEGI, 2010). Esto posiciona a Torreón en el primer lugar estatal con población con discapacidad, seguido de Saltillo y Monclova.

En Torreón, la población de 60 años y más es de 7.91 por ciento, es decir 49,020 adultos mayores, de estos 55 por ciento son mujeres y 45 por ciento hombres y el 27 % de los adultos mayores obtienen un ingreso de "hasta un salario mínimo", el 22.5 por ciento ingresos de "uno a dos salarios mínimos", y el 7.5 % "no perciben ningún ingreso".

La población de niños y niñas de 0 a 17 años en Torreón es del 33 por ciento, de los cuales el 49 por ciento son niñas y el 51 por ciento niños, la población joven de entre 15 y 29 años, representa el 25 por ciento de la población total. El 45.1 % de las y los jóvenes en edad de 15 a 25 años, asisten a la escuela.

Durante 2016 en Torreón, se recibieron 4,382 migrantes en los distintos albergues de la ciudad, duplicándose cantidad de migrantes que pasaron por la ciudad respecto año anterior.

Visión:

Torreón es una de las ciudades de México más inclusivas y equitativas socialmente, en la que las niñas, niños, mujeres y jóvenes tienen acceso a una vida libre de violencia y a mayores oportunidades de desarrollo. Además, se garantiza y promueve la protección de los derechos de las minorías y grupos vulnerables, así como su participación en los distintos aspectos de la sociedad, en donde todas las voces son escuchadas y tomadas en cuenta. Sociedad y gobierno trabajamos de manera unida para fomentar una cultura de inclusión, respeto y no discriminación.

Acciones prioritarias:

1.   Consolidar las políticas públicas de prevención, atención y erradicación de la violencia de género.

2.   Fortalecer el diseño de una ciudad incluyente, con espacios universalmente accesibles para las personas con alguna discapacidad.

3.   Impulsar el empoderamiento económico de las personas con discapacidad que pueden desempeñar algún trabajo, mediante el desarrollo de sus habilidades y capacidades.

4.   Reforzar la atención a las y los adultos mayores en situación de abandono.

5.   Plantear el proyecto de creación del primer hospital psiquiátrico de Torreón, con personal capacitado de acuerdo a las necesidades de la población con alguna enfermedad mental.

6.   Desarrollar campañas promoviendo la no discriminación, y fomentado una sociedad incluyente e igualitaria.

7.   Desarrollar un programa de becas que contribuya a que las niñas, niños y jóvenes puedan terminar desde sus estudios básicos hasta el nivel superior.

8.   Diseñar un programa de apoyo al transporte para jóvenes estudiantes.

9.   Reforzar el trabajo de prevención de adicciones en adolescentes y jóvenes así como embarazo adolescente.

10. Elaborar un plan estratégico que generar una alianza con todas las OSC's para tener un plan de trabajo con la ciudad y de la ciudad con las organizaciones que guiará el trabajo a largo plazo.

11. Implementar programas que contribuyan al empoderamiento económico de las mujeres, a través de proyectos productivos y financiamiento para que puedan ampliar o poner su propio negocio.

12. Impulsar el empoderamiento de la población indígena, mediante el desarrollo de sus habilidades y capacidades, salvaguardando su cultura, y por medio de ella puedan tener una mejor calidad de vida.

Sostenibilidad Ambiental

Punto de partida:

Los aspectos contenidos por esta dimensión son energías renovables, calidad del aire, cambio climático, ruido, vulnerabilidad a desastres naturales, legislación ambiental, educación ambiental, recursos naturales, desarrollo rural sustentable, ordenamiento ecológico territorial, gestión integral de residuos y protección de animales.

De acuerdo a la Secretaria de Medio Ambiente Estatal, los escenarios climáticos proyectados son sequías, los incendios forestales y las inundaciones serán eventos cotidianos, presentándose temperaturas altas de hasta los 45°C y heladas de hasta los -22°C en zonas donde nunca se habían presentado temperaturas tan extremas.

En Torreón solamente se cuenta con dos Unidades de Manejo Ambiental, Unidades de Gestión Ambiental y Predios de Manejo de Vida Silvestre, de los 1,105 que existen en el Estado.

Se emiten al aire la cantidad de 26'023.32 toneladas de CO_2 anualmente y solo cuenta con 3 casetas de monitoreo funcionales.

La radiación promedio diaria del país es alrededor de 5.5 kWh/m2 esto da una de las primeras posiciones en el mundo dando el potencial no sólo para producir energía eléctrica sino también potencial para boilers solares

En la ciudad contamos con 191,899 viviendas ocupadas, pero solo 959 casa habitaciones cuentan con sistemas de aprovechamiento solar.

El agua utilizada en la región lagunera es principalmente para el sector agropecuario 1,768 mm3 mientras que en el abastecimiento público sólo se usaban 164.5 mm3, de la cual el 99.87% proviene de fuente subterránea, por lo cual es normal que con el consumo se comience a presentar en la población graves enfermedades

La ciudad no cuenta aún con un Plan de Ordenamiento Ecológico Territorial vigente.

Torreón cuenta con 18 áreas verdes principales y de gran tamaño mismas que alcanzan a cubrir un total de 239,132 metros cuadrados y más de 100 áreas verdes de menor tamaño que cuentan con riego por goteo o aspersión

Para fortalecer una cultura en pro del medioambiente se realizan 7 eventos de cultura ambiental, se llevan a cabo 5 campañas de difusión de cultura ambiental, 5 Talleres de Formación de Conciencia

Ambiental para un Estilo de Vida Sustentable y se han certificado 11 escuelas en el programa "Escuela Verde".

Visión:

Torreón se distingue por estar adaptada a sus condiciones geográficas y la actividad humana no representa un riesgo para la sostenibilidad ambiental, nos basamos en el respeto y en el cumplimiento de las leyes además de ser un promotor regional y nacional de la cultura ambiental. Los torreonenses estamos orgullosos de nuestra flora y fauna nativa debido al desarrollo de una conciencia ambiental inculcada desde la infancia.

Acciones prioritarias:

1.   Fomentar el acceso de la población y de las empresas a tecnologías energéticas verdes y sostenibles, por medio de esquemas de financiamiento de INFONAVIT

y organismos internacionales y apoyos municipales.

2.   Desarrollar un Proyecto de generación de energía hidroeléctrica en el cauce del Río Nazas.

3.   Monitorear y regular permanentemente las fuentes móviles y fijas emisoras de contaminantes atmosféricos bajo criterios normativos vigentes, así como extender y automatizar el sistema de monitoreo atmosférico actual.

4.   Diseño e implementación de estrategias integrales para el manejo de aguas pluviales y recarga del acuífero, como el sistema integral de manejo de aguas pluviales y el aprovechamiento de aguas grises en fraccionamientos y nuevos desarrollos habitacionales.

5.   Reforestación de los espacios públicos con especies nativas y adaptadas, reconociéndolas como infraestructura verde y promoviendo esta iniciativa hacia las propiedades privadas.

6.   Instalar sistemas de riego por goteo para ampliar las áreas verdes y la capa vegetativa)

7.   Desarrollar sistemas, mecanismos y herramientas adecuadas para la prevención y mitigación de situaciones de riesgo ambiental, mediante la creación de un Atlas de Riesgos municipal y Plan de Ordenamiento Ecológico-Territorial en constante actualización.

8.   Elaboración Implementar un Programa de Distintivo Ambiental que certifique a las empresas en materia de cumplimiento ambiental.

9.   Implementar un programa integral que abarque la disminución de generación de residuos, reciclaje y eliminación de tiraderos clandestinos.

10.   Promoción y difusión permanente de la cultura ambiental y de los beneficios de la conservación del medio ambiente como parte integral de la formación cívica.

11. Impulso e implementación de programas y proyectos Ecoturísticos con una visión de sostenibilidad.

12. Crear una dependencia para atender campañas de esterilización, crear cuadrillas para atender diferentes problemas relacionados a los animales.

Infraestructura

Punto de partida:

La movilidad urbana desde una visión integral que abraque movilidad no motorizada, seguridad vial y transporte público componen la dimensión de infraestructura junto, con el acceso a tecnologías de información, el ordenamiento territorial y uso del suelo y la infraestructura de áreas verdes y de recreación.

Diariamente se trasladan dentro de la ciudad 282,052 personas que trabajan, entre habitantes y foráneos, por lo que la infraestructura para transporte debe de ser suficiente y vasta para atender las necesidades. Con la construcción del Metrobús Laguna se espera una reestructuración de la forma en que nos movemos por la ciudad.

El 36.7% de los torreonenses se trasladan por transporte público (camión o taxi), 34.9% en coche, 6.2 % utiliza transporte colectivo de trabajo o escolar, 12.1% camina y 5.8% bicicleta. Del total de los viajes realizados en la ciudad el 49% se realizan en automóvil. La flota de autobuses que proporcionan el servicio de transporte público asciende a 477 unidades y el modelo promedio es del 2008.

Las cifras para Torreón indican que el 13% del patrimonio construido se pierde en su uso habitacional a partir de 10 años, ya sea por cambio de uso de suelo o problemas de otra índole. El sector Centro de la ciudad es el que cuenta con la mayor diversidad de equipamiento, que representa un 5.82% del área total del municipio.

Las tecnologías de información y comunicación forman parte de nuestra actividad diaria, por lo que contar con conectividad digital es básico. Los hogares en Torreón con al menos un teléfono celular son 86.9% y las viviendas torreonenses con acceso a Internet son el 42.32%. De las personas que se conectan a Internet en el país, se calcula que el 26% lo hace desde lugares públicos utilizando WiFi gratuito.

En la ciudad de Torreón existen más de 576 plazas, con un total de 770 áreas verdes, además del trabajo en obras de alto impacto de regeneración urbana a través de la construcción de infraestructura de esparcimiento, deportiva y recreativa con áreas verdes como: Unidad Deportiva La Jabonera, Centro Cultural La Jabonera, Línea Verde, Unidad Deportiva Zaragoza, Multideportivo Oriente, Albergue Cultural Zaragoza, Parque De Béisbol Infantil Compresora, Parque Lineal Río Nazas, 2 Canchas De Futbol 7 en la Deportiva Torreón, Centro De Convenciones, Ciudad Judicial, Biblioteca Digital La Jabonera, Cecytec La Jabonera, Gimnasio Zaragoza

Visión:

Torreón es una ciudad organizada, vanguardista y con infraestructura suficiente y de calidad, es un municipio responsable en el manejo de su espacio territorial, con zonas compactas y densas que conectan a todos sus habitantes y a su actividad económica que les permite realizar las actividades cotidianas con mayor eficiencia generando armonía y convivencia promoviendo la inclusión social.

Tema insignia: Sistema integrado de transporte multimodal, que incluye peatones, ciclistas, automóvil y un transporte público eficiente.

Acciones prioritarias:

1. Sistema integrado de transporte multimodal, que incluye peatones, ciclistas, automóvil y un transporte público eficiente.

2.   Impulsar una cultura vial, implementando estrategias y programas enfocados a la prevención de percances viales.

3.   Realizar actualizaciones del Plan Director de Desarrollo Urbano y realizar la planeación urbana por polígonos de actuación, permitiendo trabajar a escalas de demarcaciones territoriales y colonia las problemáticas del sector.

4.   Identificar los espacios urbanos, abandonados o sub-utilizados por medio de polígonos de actuación, para identificar las áreas de compactación y usos mixtos.

5.   Elaborar un censo de las áreas de cesión propiedad municipal y en base a sus localizaciones, elaborar un estudio que permita definir la vocación de este espacio para equipamiento.

6.   Internet de banda ancha, gratuito e inalámbrico (WiFi) en espacios públicos.

7.   Tecnificación de funcionarios públicos de campo como tránsitos, policía e inspectores con dispositivos inteligentes.

8.   Fomentar la cooperación entre ciudadanos y gobierno para generar soluciones creativas a problemas públicos mediante el uso de tecnología.

9.   Rehabilitar y garantizar el mantenimiento de los espacios públicos existentes potenciando el impacto positivo en el bienestar de los barrios y colonias.

10.   Construcción de los espacios públicos necesarios para cumplir con los estándares de áreas verdes por habitante que recomiendan los organismos internacionales.

Gobernanza

Punto de partida:

Esta dimensión es transversal a las anteriores, incide directamente en la construcción de la Nueva Vía para relacionarnos como sociedad y abarca temáticas tales como gobierno abierto como concepto abarcador de las políticas de transparencia, participación ciudadana, rendición de cuentas, innovación gubernamental y gobierno electrónico; administración fiscalmente responsable, finanzas públicas, administración eficiente, desarrollo Institucional y mejora regulatoria, cooperación y coordinación internacional, metropolitana y regional así como formación cívica, normatividad municipal y comunicación efectiva.

Torreón cuenta con el Sistema Municipal de Transparencia con la incorporación institucional de componentes normativos, organizacionales, recursos humanos, infraestructura y tecnológicos, además de 350 funcionarios capacitados en el tema. En respuesta a las solicitudes de Acceso a la Información se tiene una eficiencia del 91% en las más de 2,000 solicitudes

La Administración actualmente cuenta con cuatro plataformas digitales: Monitor de Cabildo, Sistema de Normatividad Municipal, Portal de Transparencia y Portal de Datos Abiertos. Además existen 18 micrositios que ofrecen información en línea para la ciudadanía en su mayoría en formato abierto y/o editable. El gobierno municipal de Torreón fue el primer municipio de Coahuila en integrarse a la Red México Abierto

El Sistema de Normatividad Municipal, destaca 42 nuevos reglamentos, 19 reformas, 36 reglamentos abrogados y 8 iniciativas enviadas al congreso, dando como resultado 105 acciones normativas.

En el manejo de finanzas, Torreón reportó un 87% de eficacia recaudatoria en Impuesto Predial para el año 2016 y los ingresos acumulados recibidos de diversas fuentes superaron los 3 mil 280 millones de pesos.

Se cuenta con el 100% de los 290 indicadores de la Agenda para el Desarrollo Municipal que impulsa la Secretaría de Gobernación a través del INAFED.

Sin embargo más que en cualquier otra dimensión la gobernanza enfrenta cada día nuevos desafíos sin importar los avances y logros.

Visión:

El gobierno municipal de Torreón atiende los requerimientos y refleja la voluntad real de sus ciudadanos por medio de efectivos canales de transparencia, participación y colaboración activa en la definición de los planes, programas y acciones que integran la agenda pública del gobierno municipal, promoviendo una cultura cívica corresponsable.

Acciones prioritarias:

1. Transmitir las licitaciones públicas a través de internet.

2. Organizar estructuras de participación ciudadana y por sectores y temáticas de la sociedad civil.

3. Elaborar un presupuesto participativo con los diferentes sectores, organismos y figuras de representación de la sociedad civil y ciudadanía en general.

4. Fortalecer al Consejo Ciudadano para la Transparencia de las Finanzas y las Políticas Públicas como interlocutor ciudadano y medio de contraloría social.

5.   Estandarizar la estructura y las reglas de operación de los comités municipales de participación ciudadana propiciando una representación e incidencia efectivas.

6.   Digitalizar al menos el 80% de los trámites y servicios que ofrece el gobierno municipal.

7.   Impulsar el modelo europeo de excelencia y calidad en el servicio (EFQM).

8.   Garantizar el proceso de participación ciudadana en las abrogaciones, derogaciones y proyectos de reglamento.

9.   Promover la integración del Cabildo Metropolitano.

10.   Garantizar una partida presupuestaria para ejecutar los acuerdos en materia de cooperación y coordinación metropolitana, regional e internacional.

Fuentes

Agenda Ciudadana para el Fortalecimiento de la Cohesión Comunitaria, el Desarrollo y la Competitividad de la Comarca Lagunera. Renacer Lagunero (2016)

Anexo de indicadores de la guía metodológica del Programa de Ciudades Emergentes y Sostenibles / Banco Interamericano de Desarrollo. (2016)

INFONAVIT – ONU Hábitat - SEDATU (2016), Índice Básico d ellas Ciudades Prósperas. Informe final municipal: Torreón, Coahuila de Zaragoza.

Mery Ayup, Miguel Felipe (2017) Diagnóstico de dimensión políticas públicas. Documento de trabajo.

Mery Ayup, Miguel Felipe (2017) Visión, objetivo y acciones por dimensión de políticas públicas. Documento de trabajo.

Plan Estratégico Torreón con visión metropolitana 2040. Instituto Municipal de Planeación y Competitividad de Torreón. 2016.

State of de World Cities 2012-2013. Resumen Ejecutivo en español. Consultado en

Centro de Información de las Naciones Unidas http://www.cinu.mx/

www.iso.org

World Council on City Data www.dataforcities.org/

9 781790 310401